SER MULHER

SER MULHER

A mulher e o feminismo em diferentes culturas

Sofia Andrade Antoniazzi Cirino

EDITORAS ASSOCIADAS

“O destino de uma mulher
é ser mulher.”

Clarice Lispector

apresentação

"Ser mulher" foi um projeto que se concretizou em 2017 como trabalho de conclusão do curso de graduação em Comunicação Social, Jornalismo, pela Universidade Federal de Minas Gerais (UFMG). O objetivo inicial da pesquisa do livro "Ser Mulher" foi buscar entender "o que é ser mulher para diferentes mulheres", que vivem em locais distintos e possuem histórias diversas e únicas. Com todas as suas particularidades, a proposta foi entender como elas se relacionam, enquanto mulheres, com a sua cultura e qual o papel e o lugar que acreditam ter no mundo. O propósito era dar oportunidade para que falassem de si, de mulher para mulher, e ver qual seria o impacto de seus testemunhos.

Tal proposta surgiu com a finalidade de entrevistar mulheres de diferentes lugares do mundo, quebrar estereótipos e identificar preconceitos que possam existir quanto às mulheres e suas localidades. A motivação primordial foi conhecê-las, saber suas histórias, suas particularidades e tentar entender o porquê de agirem, pensarem e falarem de tal ou qual maneira. A partir de minhas próprias vivências, e por entender que existe uma falta de esclarecimento quanto ao assunto, além do "ser mulher", busquei entender o significado de feminismo na vida de cada uma das entrevistadas, se elas se consideram feministas ou não, e se sabem o que é o movimento de fato.

Desde a formulação do projeto, o intuito era entrevistar mulheres de locais diferentes do mundo. Tal intenção surgiu de uma motivação pessoal: o encantamento por conhecer pessoas com histórias e culturas tão distintas, mas que em algum ponto de suas vidas se assemelham. No caso das mulheres, por simplesmente serem mulheres na sociedade de hoje.

As perguntas para as entrevistadas foram definidas previamente. Foram elas: Para você o que é ser mulher? O que te faz mulher? Quando você se descobriu mulher? Você tem medo de ser mulher? Você já ouviu falar do feminismo? Para você o que é o feminismo? Você se considera feminista? Quais direitos você acha que te faltam? Você se orgulha de ser mulher? Você se considera livre? Independente? Dona de si? Você já deixou de fazer alguma coisa ou foi tratada de forma diferente por ser mulher?

As entrevistas foram realizadas em cinco etapas, quatro delas no exterior e uma no Brasil, em diferentes ocasiões: a primeira etapa em dezembro de 2016, na cidade de Nova Iorque, nos Estados Unidos. Todas as mulheres entrevistadas nesta cidade foram abordadas na rua, majoritariamente em parques ou praças, mas sem haver nenhum contato prévio. As entrevistas realizadas naquela ocasião foram feitas em inglês e houve uma grande diversidade cultural entre as entrevistadas, com mulheres tanto dos Estados Unidos como, por exemplo, da China, da Nova Zelândia e da Colômbia.

Entre abril e maio de 2017 foram entrevistadas três mulheres brasileiras, sendo uma delas uma transexual, Laura Zanotti, que foi abordada previamente no Facebook e cuja entrevista foi agendada na rede social.

Em Nova Iorque houve uma tentativa de entrevistar alguma mulher trans em um centro LGBTQ da cidade. Porém ninguém se sentiu à vontade para conversar, visto o preconceito que sofrem. Partindo dessa experiência, foi decidido que a melhor opção seria entrar em contato previamente com alguma mulher trans que falasse abertamente sobre o assunto. Laura deu uma entrevista para um portal de Belo Horizonte contando um pouco sobre como é ser uma mulher trans em seu ambiente de trabalho e, alguns dias depois, marcamos nossa entrevista.

Em meados de maio de 2017 viajei à Argentina e lá foram entrevistadas oito mulheres, sendo algumas delas de outros locais, como México, Venezuela e novamente Estados Unidos.

No mês de julho de 2017, numa ida ao Rio de Janeiro, tive a oportunidade de conversar com três mulheres, duas delas cariocas e uma turista da França, em cuja entrevista misturou português e um pouco de francês. No final do mesmo mês, o local para as entrevistas foi novamente os Estados Unidos, desta vez a cidade de Miami, onde mais três mulheres foram entrevistadas.

Em agosto de 2017 entrevistei mais três mulheres: duas muçulmanas que moram em Belo Horizonte (uma imigrante da Síria e uma descendente de marroquinos que nasceu na capital mineira) e uma turista da França.

No final de outubro, com o objetivo de concluir essa etapa, realizei uma viagem à Europa, especificamente para a Espanha e

Itália, tendo entrevistado um total de treze mulheres. Essa foi a ocasião em que houve uma maior diversidade cultural, com mulheres não só dos dois países citados, como também da Somália, Lituânia e Ucrânia.

O critério de escolha das entrevistadas foi randômico, porém procurando uma diversidade de identidades no que diz respeito às características físicas e sociais. Além disso, só foram realizadas entrevistas com mulheres que estavam sozinhas ou acompanhadas de outras mulheres, mas nunca na presença de algum homem, por acreditar que isso poderia interferir nos depoimentos.

Das quarenta e quatro mulheres entrevistadas, realizei contato prévio com apenas três, sempre pelas redes sociais: Laura e as duas muçulmanas, Imane e Nour. O objetivo deste contato prévio foi deixá-las mais à vontade para aceitar ou não dar o seu testemunho, visto que nos dois casos – uma mulher trans e uma muçulmana no Brasil – há muito preconceito. A entrevista se constituiu basicamente na abordagem das mulheres na rua, na explicação do projeto e na indagação se elas iriam aceitar ser entrevistadas ou não, explicitando que haveria a produção de uma foto, mas que não era necessário mostrar o seu rosto caso não se sentissem à vontade, apenas a sua nuca ou algo que a representasse, como, em alguns casos, a mão. A rejeição à entrevista foi bem pequena, mas existiu. O motivo principal foi a falta de tempo para falar e por isso a tentativa de entrevistar apenas mulheres que estavam em praças, parques ou museus, que são locais neutros aonde as pessoas vão quando não estão com pressa. A primeira pergunta sempre era "o que é ser mulher para você?", e foram raros os casos em que as entrevistadas conseguiram responder de prontidão, sempre manifestando o quão difícil era tal pergunta.

Desde o início da proposta foi definido que haveriam, além dos depoimentos, as fotos das mulheres entrevistadas. Essa escolha surgiu por um outro motivo pessoal: a admiração do gênero documentário e por acreditar que a existência da imagem enriquece o testemunho, além de gerar uma comoção e uma identificação com quem fala. A foto sempre ficava por último. Se no início da entrevista as mulheres ficavam mais constrangidas, após começarem a falar esse constrangimento diminuía para dar lugar a memórias e até a uma certa gratidão pela oportunidade de exprimirem sobre algo que normalmente não se dialoga. O que percebi foi um desconforto que se dissipou durante a conversa. No final da entrevista, muitas estavam dispostas a mostrar o seu rosto, como se aquele testemunho tivesse servido, para elas próprias, como uma afirmação de si mesmas.

A intenção de incluir fotografias do projeto era mostrar a imagem que foi vista por mim durante a entrevista: a mulher que falou, diminuindo, assim, a distância de quem lê com quem disse. O objetivo era fazer com que a imagem completasse o testemunho, que ela também tivesse "fala". Procurei fazer com que a lente da câmera fosse um espelho, sem que houvesse um enquadramento feito por mim que gerasse qualquer sentimento em quem visse as imagens.

Essa identificação de quem lê com as mulheres ali retratadas é gerada, basicamente, pela proximidade com as suas falas, pois, devido à diversidade de mulheres, foram múltiplos depoimentos com histórias de vida muito diversas, o que facilitou uma aproximação da vida da leitora (ou leitor) com a vida das entrevistadas.

Em suma, o papel da fotografia no projeto é de complementar o testemunho e enriquecer a fala das entrevistadas, gerando uma possível proximidade com quem lê.

Margareth Rago, em sua obra "A aventura de contar-se" (2013) sob a perspectiva de uma história militante e feminista, conta a vida de sete mulheres feministas, todas brasileiras que, de alguma maneira, tiveram alguma relação com o feminismo no país. Abordando suas vidas desde a infância, medos, sonhos e realizações, Rago se utiliza das ideias de Leonor Arfuch, crítica literária da Argentina, especialista em estudos biográficos e autobiográficos, ao entender que narrar uma vida, mais do que representá-la, pode dar também um sentido a ela. É nesta perspectiva que é possível criar uma relação do projeto com a obra de Rago: as mulheres ali, ao darem o seu testemunho sobre o que é ser mulher, ao refletirem sobre o tema, podem, da mesma maneira, dar um sentido para o "ser mulher" em suas vidas.

Apesar do livro "Ser mulher" não se tratar de uma autobiografia, os quarenta e quatro testemunhos aqui presentes se configuram como narrativas de si. Ao falarem sobre o que é ser mulher, as entrevistadas refletem sobre suas experiências vividas e retomam situações que, de maneira linear, as fizeram as mulheres que elas são hoje, desde sua infância, adolescência e, em alguns casos, de sua vida adulta.

Sofia Andrade Antoniazzi Cirino

graciela, 76
buenos aires, argentina

"Eu acredito na igualdade de homens e mulheres em algumas partes, em outras, não. Creio que uma mulher pode trabalhar tendo a mesma função que um homem. O problema é que, geralmente, elas recebem menos do que eles, e isso para mim é errado.

A vida de uma mulher é mais sacrificada do que a de um homem. Ela tem que cuidar da casa, criar os filhos e, mesmo o marido ajudando, isso ainda é a função principalmente das mulheres. Hoje em dia os meus filhos estão grandes, mas eu não tenho marido.

As mulheres para mim têm que ser livres. Eu gosto de estar bem vestida, bem arrumada, maquiada. Quando eu era jovem, meus pais me deixavam fazer muitas coisas, mas sempre com um limite. Nós éramos seis irmãos. Eram primeiro cinco e, depois de dez anos, eu nasci, e sempre fui tratada de forma diferente. Meu pai era médico militar, e minha mãe era dona de casa, o que era típico na época.

Eu sempre gostei de trabalhar e ser responsável por mim financeiramente, dentro do possível. Eu estudei em escolas de freiras e sempre gostei de ser mulher, e não me arrependo. Eu não sei o que é feminismo e nunca me envolvi ou me interessei pelo tema. Sou feliz assim."

jazmine, 24
long island, estados unidos

"Quando penso sobre ser mulher, eu automaticamente penso na minha mãe, que é uma sobrevivente de um câncer de mama. Eu me lembro quando estava entrando para o meu primeiro ano da faculdade e ela me contou que tinha câncer de mama. Para mim aquilo parecia a 'doença das mulheres', se é que isso faz sentido... Me fez pensar que, se ela tivesse que tirar seu seio, ela não seria mais uma mulher. Graças a Deus, nunca chegou a esse ponto, já que a quimioterapia funcionou. Mas, quando eu era nova, eu pensava que coisas assim; como ter seios ou cabelo, me fariam mulher. Agora, que eu sou mais velha, acho que é mais sobre ideais, sobre ser forte, como ter seu próprio negócio. Eu sinto que é isso que nós, mulheres, fazemos.

É interessante que, quando eu pensei sobre o que é ser mulher, tive memórias de uma Jazmine mais nova, uma resposta que eu daria antes. Agora, que sou uma adulta, acho que é muito menos sobre suas características, e mais sobre o que você significa, sobre o que você é. Eu acho que ser mulher tem tudo a ver com seus valores e lutar por algo. Ser forte.

Eu não acho que sou uma feminista tradicional porque sou negra e por causa do movimento Black Lives Matter*. Isso, para mim, ofusca o problema das mulheres. Sendo mulher e sendo negra, eu acho que tenho duas coisas contra mim. Portanto, é difícil pensar em mim como uma feminista, já que sei que tenho uma responsabilidade com a minha cultura. Eu definitivamente luto pela igualdade das mulheres em relação ao trabalho e em questões como ser pró-aborto e pró-escolhas. Mas definitivamente agora eu tenho total atenção para o Black Lives Matter. É difícil até ter uma resposta pelo que eu luto pelas mulheres, porque agora penso no que eu deveria estar fazendo pelas pessoas negras. Eu sou totalmente a favor do empoderamento das mulheres, mas neste momento penso mais na vida das pessoas negras."

* O Black Lives Matter é um movimento ativista internacional com origem na comunidade afro-americana, que faz campanha contra a violência direcionada às pessoas negras nos Estados Unidos.

francisca, 34

cali, colômbia

"Eu definitivamente amo ser uma mulher. Eu acho que é muito bom. Mas às vezes, dizendo da minha própria experiência, eu acho que nós somos muito dramáticas e reagimos de maneira extrema às situações de forma muito fácil. Especialmente neste momento, eu estou muito emotiva, por estar mudando de carreira e estar simplesmente tentando encontrar o meu caminho.

Eu sou uma jornalista e percebi que escolhi isso porque o meu ego era maior do que qualquer coisa. Eu queria estar na televisão, para que as pessoas pudessem me ver e me reconhecer. Quando eu saí, me senti ninguém. Eu não estava mais na TV e não sabia o que fazer com a minha vida.

Eu sempre tive o sonho de ser uma estilista, então comecei meu negócio e realmente achei que iria mudar o mundo. Mas as pessoas na verdade não se importavam, aquilo não significava nada para elas. Eu fiquei muito triste e muito depressiva. Como uma empresária, você acha que vai mudar o mundo. E talvez você vá mudar o mundo, mas não o seu, e sim o das pessoas.

Foi aí que descobri que o desejo de ser uma estilista também vinha do meu ego. Eu queria fazer algo notável e criar todas essas peças incríveis, mas levou um ano para perceber que eu queria mudar o mundo, mas não do ponto de vista da moda. O mundo não precisa de mais roupas, ele já está cheio de roupas. Eu sonhava em empoderar as mulheres por meio dessas roupas, mas percebi que uma mulher pode estar vestindo nada, e mesmo assim estar super empoderada.

Eu sinto que as mulheres andam muito perdidas. Elas não sabem como se encaixar neste mundo, o que fazer. Estão muito desconectadas do seu real propósito, e não acho que isso seja causa do pelos homens, que eles estejam nos fazendo sentir dessa forma. Eu sinto que é mais sobre nós mesmas, que nós não estamos empoderadas porque não acreditamos em nosso propósito, que não acreditamos em nosso talento. Nós somos tão diferentes umas das outras e, mesmo assim, ainda estamos nos comparando umas com as outras.

Eu sinceramente não sei como é o movimento feminista aqui na Colômbia. Eu não quero ver dessa perspectiva. Nós precisamos dos homens, e os homens precisam de nós. Eu realmente me importo com nosso empoderamento, mas não vamos mudar o mundo sozinhas. Minha inimiga não é a garota da escola que fazia 'bullying' comigo. A minha maior inimiga sou eu mesma, essa é a competição de verdade. Para mim, é mais sobre nós nos darmos amor e nos respeitarmos o suficiente."

aicha, 23
thiès, senegal

"Eu estou quase trabalhando, mas quero fazer alguma outra coisa além de trabalhar, porque tenho apenas vinte e três anos. Eu conheço o feminismo e me considero uma feminista. É muito importante para as mulheres, para a família. Eu tenho um irmão e três irmãs e acredito na igualdade entre homens e mulheres. Estamos em 2017, então é justo homens e mulheres serem iguais, pois nós fazemos as mesmas coisas que eles fazem, precisamos ter os mesmos direitos na sociedade. Acredito que existe igualdade, mas não cem por cento.

Eu amo ser uma mulher. Para mim é muito bonito. Nós podemos fazer muitas coisas, como, por exemplo, ser mãe. Minha mãe é meu modelo, o meu guia na vida. Eu escuto e faço o que ela me diz na maioria das vezes."

VOGUE

ashlie-amber, 30
denver, estados unidos

"Eu acho que o que faz qualquer pessoa uma mulher é experiência de vida, idade. Eu acabei de fazer trinta anos e definitivamente me sinto como uma mulher. Mas ainda acho que tenho muito a crescer quando olho, por exemplo, a minha irmã, que tem trinta e cinco anos, dois filhos, uma família e um espírito super materno. Eu viajo o mundo para viver, então a minha vida é um pouco diferente. Mas com certeza eu aprendi demais. Eu acho que ter feito trinta anos me fez sentir ainda mais como uma mulher.

Eu sempre me senti mais velha. Quando mais nova, tive que crescer rápido por ter perdido meu pai. Quando isso acontece, você começa a ter responsabilidades, você tem que achar um emprego e ter seu próprio dinheiro. Eu comecei a trabalhar o dia inteiro quando estava na escola e comecei a pagar pelas minhas coisas. Eu acho que sempre tive uma cabeça mais de mulher adulta.

Para mim todas as mulheres são feministas. Todas nós queremos oportunidades iguais, todas nós queremos direitos iguais. Talvez não todas nós, mas a maioria, especialmente hoje. Nós queremos encorajar outras mulheres e queremos ver outras mulheres terem sucesso em seus negócios, e coisas do tipo. Eu não diria que sou ativamente uma feminista que luta por coisas em específico, mas acho incrível ver todas essas mulheres terem seus próprios negócios e serem modelos a serem seguidos por mulheres mais novas. Eu acho ótimo e por isso acredito que todas as mulheres são feministas de alguma forma.

Semana passada eu tive uma experiência que me chocou bastante. Sou uma mulher curvilínea e estava com uma roupa que mostrava um pouco do meu busto, mas usava uma saia longa e sapatos baixos. Meu cabelo estava exatamente assim, eu estava usando óculos escuros e fui parada por um policial. Ele foi muito rude comigo e me perguntou o que eu estava fazendo lá, me perguntou de onde eu era, me perguntou quanto dinheiro eu tinha comigo. Ele pediu para olhar a minha bolsa, minhas coisas pessoais, e aquilo me ofendeu muito. Acho que ao mesmo tempo foi um caso de racismo.

Eu conversei depois com alguns amigos, que me disseram que ele provavelmente achou que eu era uma prostituta. Ele me perguntou quanto eu tinha de dinheiro, me perguntou se era dólar americano. Ele olhou a minha carteira! É horrível que, só porque eu seja uma mulher negra, com curvas, de repente, para algumas pessoas, eu sou uma prostituta. Eu fiquei com tanta raiva, e aquilo me machucou. Eu sou uma mulher profissional, tenho um trabalho incrível, pago pelas minhas coisas, nunca me meti em confusão. Mas só por que sou de uma certa forma e me pareço de certa forma, as pessoas acham coisas sobre mim. Então esta é uma das coisas mais difíceis sobre ser mulher: as pessoas vão te julgar baseado no que você se parece, por você ser de alguma forma que a mídia diz que você é."

irene, 32
lanzhou, china

"Eu não sei se você sabe alguma coisa sobre a cultura da China, mas no passado as pessoas olhavam para as mulheres com desprezo. As famílias sempre queriam ter filhos homens ao invés de mulheres, e por isso muitas famílias tinham cinco, seis meninas. E quando tinham um menino, eles paravam de ter filhos. Isso foi há uns cinquenta anos, e agora está mudando. Na minha família eu sou a única filha por causa da 'política do filho único' chinesa. Mas meus pais têm orgulho de mim e são felizes por eu ter nascido. As coisas estão diferentes agora, e as mulheres estão em uma posição melhor, mas ainda não tão boa como esperávamos.

Meus pais respeitam as minhas escolhas e me apoiaram quando eu fui estudar na Austrália e morar lá, mas nem todos os pais fariam isso pelas suas filhas. Eles não iriam apoiá-las e iriam apenas bani-las por fazerem isso, já que a opinião de muitos pais na China é: 'com vinte e cinco anos, é necessário casar, ter filhos e ouvir o seu marido', coisas assim. Isso ainda acontece, mas não é mais tão comum. Eu me sinto mal por essas garotas chinesas.

A maioria das minhas amigas ficou na China, porque elas não puderam seguir seus sonhos e fazer algo diferente com suas vidas. Se elas fizessem o que eu fiz, as pessoas as chamariam de estranhas e diriam que elas não deveriam fazer esse tipo de coisa. Eu não moro na China há sete anos, mas sei que não seria tão feliz sendo uma mulher lá, como sou na Austrália. Eu tenho mais liberdade e me sinto respeitada.

Com a minha experiência, acho que sou sim uma feminista. Acho que na China existem alguns movimentos feministas, mas não tão relevantes, e apenas nas cidades muito modernas. No país as pessoas dizem que existe igualdade de gênero, mas não é verdade. Uma empresa prefere contratar um homem com 30 anos do que uma mulher da mesma idade, argumentando que a mulher poderia ter um filho naquele período."

alexis, 28
cidade do méxico, méxico

"Atualmente, muitas mulheres já não se casam atualmente e se dedicam mais ao trabalho e, acima de tudo, a se superarem. Em alguns estados do México existe frequente feminicídio, e apesar de tentarem diminuir isso, o processo é muito lento. Além do feminicídio, existe muito machismo em alguns lugares também.

Ser mulher para mim são muitas coisas. É mais do que o corpo, do que a mentalidade. É a sua profissão, alcançar suas metas seguindo seus desejos. Ser mulher é mais do que ser mãe, do que ter filhos, é sobre o que se pensa e o que se sente.

Eu me descobri mulher desde criança. A minha família não é machista, e eu acredito na igualdade de homens e mulheres. Mas não me considero feminista porque todos somos iguais e temos direitos iguais. Não creio que no México existam muitas mulheres feministas e por isso não tenho muita informação sobre o feminismo. Eu gosto de ser mulher e não preferiria ser homem, mas não me sinto segura sendo mulher no México.

Além disso, em muitas empresas, o salário das mulheres é mais baixo que o dos homens, mesmo que façamos o mesmo trabalho."

bianca, 23
long island, estados unidos

"Quando eu penso no que significa ser uma mulher penso na minha mãe. Ela é uma imigrante da Jamaica. Então muitas dificuldades foram impostas a ela, por ser não só uma mulher, mas uma mulher negra nos Estados Unidos. Foram várias barreiras como: o seu dialeto, chegar aqui com basicamente nada no bolso e ter que fazer uma vida para ela e para a sua filha que estava em casa. Eu penso no quão forte significa ser uma mulher e quão forte você tem que ser para sobreviver. Nós não temos espaço para falhas e não temos espaço para sermos tão vulneráveis como gostaríamos de poder ser tantas vezes. Nós temos que ser duras e frias para termos nossas opiniões levadas em conta. Não sempre, mas a maioria das vezes. Então eu penso em tudo que minha mãe passou e na forma como ela foi capaz de superar tudo isso e tornar-se essa mulher incrível e forte, mesmo com o que enfrentou na vida, e continua enfrentando, diariamente."

nour, 36
aleppo, síria

"Eu me descobri mulher muito cedo. Sou a mais velha dos meus irmãos, então eu cuidei deles e era quase uma mãe. Eu acho que a mulher tem o costume de dar e doar. A natureza da mulher é cuidar e, como a minha mãe trabalhava, eu olhava meus irmãos. Acho que a mulher é um ser humano mais forte do que os homens. Na minha vida a minha avó e a minha mãe são inspirações de mulheres. A minha avó criou quatro crianças sozinha, porque seu marido morreu. E a minha mãe cuidou de cinco crianças, também sozinha, e por isso eu as vejo como mulheres muito fortes.

Quando virei adolescente, eu queria fazer as coisas que os homens estavam fazendo. Queria jogar bola, queria trabalhar. Com 18, 20 anos, isso mudou e comecei a gostar das coisas mais femininas.

Eu nasci assim, eu nasci mulher, mas acho que tem mais significado do que apenas ter nascido dessa forma. Eu não gosto da ideia de que uma mulher nasceu mulher e ela tem que ser mãe, cuidar. Eu queria fazer coisas para mim, queria pintar, queria estudar, trabalhar. Mas colocar isso na balança é muito difícil. Eu tenho duas filhas, e na Síria, se eu deixava a minha filha na escola, todo mundo falava: 'você é mãe, você tem que cuidar dela quase 24 horas por dia'. Lá eles falam que você é uma mãe ruim se você não faz isso. Apesar disso, na Síria a família dá um suporte muito grande para a mulhere, por exemplo, quando ela quer estudar. Lá eles pagam tudo, e no ocidente com 18 anos você já é mais independente, tem que estudar e trabalhar. Aqui você tem mais liberdade e lá, se você quer sair, você tem que pedir permissão.

O problema do Islã é que lá existem pessoas que fazem muitas coisas ruins. Até eu querer casar, fiquei muito tempo solteira, até uns 31 anos. Na minha cidade raramente você fica até essa idade sem casar, mas eu não queria casar com qualquer um, que acha que mulher é um objeto ou que achava que tinha direito de controlar a minha vida. Eu queria alguém para ficar comigo, para ser companheiro. No Islã eles dão liberdade, mas a maioria dos homens não acha isso e pensa diferente.

Para mim, no movimento feminista todo o peso fica com a mulher, porque ela quer os mesmos direitos dos homens, mas ao mesmo tempo ela pega todas as responsabilidades para ela, como cuidar das crianças, cuidar da família, e por isso o homem não ajuda. O feminismo tira a responsabilidade do homem. Eu acho que os homens e as mulheres se completam. O jeito de pensar e de agir é diferente."

natalia, 21

rio de janeiro, brasil

"Acho que me descobri mulher há pouco tempo, com vinte anos, porque acho que antes eu realmente era uma criança. Ser mulher tem bastante peso, existe muito preconceito, no emprego, no dia a dia, é muito assédio. Às vezes não te contratam pelo seu profissionalismo, mas por outras razões. Quando você está na rua e vê vários homens reunidos, você já fica preocupada, querendo atravessar, sem saber o que fazer. É bem complicado. Ou então você acaba passando um pouco de sufoco em transporte público, na rua.

Mas ser mulher é muito bom. É você aguentar, levantar a cabeça e ser mulher. Eu não me considero feminista, porque hoje em dia as pessoas estão muito extremistas. Eu acredito na igualdade dos homens e das mulheres, mas hoje tudo está muito exagerado. No feminismo de hoje é como se a mulher quisesse ser mais do que o homem, e não igual. Mas creio na igualdade de direitos. Eu acredito que um dia nós vamos poder andar nas ruas às três horas da manhã sem correr o risco de sofrer um assédio. Hoje em dia, se você falar que cozinha para o marido, a pessoa já vai achar que está errado, como se a mulher não tivesse a escolha de querer ficar em casa e não trabalhar.

Para mim, ser mulher é ser forte. Eu fui criada só pela minha mãe, e ela para mim é força. A maioria das pessoas que eu conheço foi criada pela mãe e não tem um pai. O meu reflexo e minha inspiração são a minha mãe. Se eu sou quem eu sou é por causa dela."

dan, 25
suwon, coreia do sul

"Eu nunca pensei sobre o que me faz mulher. Mas na minha cultura, ser um homem e ser uma mulher não são a mesma coisa, seja no trabalho ou na vida diária. Eu acho que a mulher tem menos oportunidades do que os homens, e mesmo depois de conseguir um emprego, o perdem assim que ficam grávidas. Elas são forçadas a deixar seu trabalho para apenas cuidar das crianças.

Particularmente, eu nunca tive nenhum problema na minha vida por ser mulher, ou pelo menos até então. Quando eu estava na faculdade, acho que foi o momento que me dei conta de que sou uma mulher, pela maneira como as pessoas me tratavam. Esse peso que carrego por ser mulher é devido aos ideais que as pessoas possuem, sobre a forma que devemos nos vestir, usar maquiagem, pela forma que devemos agir e de como devemos desistir de nós mesmas pelos filhos e pela família. Se ficamos grávidas, temos que abrir mão de muitas coisas que os homens não têm.

Eu me considero uma "meio-feminista". Às vezes fico contente por existir um movimento assim, em que sei que eu sempre terei um suporte como mulher. Mas vivendo meu dia a dia, eu não sinto isso com frequência. Eu com certeza acredito na igualdade de homens e mulheres e creio que nós podemos fazer qualquer coisa que os homens fazem e que devemos, todos, sermos tratados de maneira igual."

violeta, 47
madrid, espanha

"Para mim, ser mulher é ser uma pessoa com mais capacidade que um homem. É o que penso na verdade. Como mulher, eu sou trabalhadora, comprometida com as causas sociais, sou mãe, sou profissional, sou atriz, sou amiga, sou amante, sou uma pessoa envolvida com a vida.

O feminismo é uma ideologia que não deveria estar mais vigente, já é passada. É reivindicar pelas mulheres de uma forma, no meu caso, ativa, pela minha sobrinha ser presidente do FEMEN*, os direitos das mulheres. Na minha família somos todos envolvidos com as causas dos direitos das mulheres em todos os níveis: econômico, pessoal e na luta das mulheres oprimidas em outros países.

A minha família, por sorte, é muito aberta e nunca me tratou de forma diferente por ser uma mulher. Mas no meu entorno, quando era pequena, eu via diferenças. Os meninos não ajudavam com a limpeza da casa, iam aos colégios, e minhas amigas tinham que arrumar a cama e fazer a comida dos seus irmãos. Na minha família, não. A minha avó, por exemplo, me pressionava para que eu fosse livre, para que eu aprendesse idiomas.

Eu especificamente nunca sofri nada por ser uma mulher, porque tenho muita força e não aceito, mas em minha volta, sim, eu vi acontecer."

* FEMEN é um grupo feminista fundado na Ucrânica e composto por mulheres que, nuas e com os seus corpos pintados, lutam pela causa e pelos direitos das mulheres em vários países.

melanie, 23

nova iorque, estados unidos

"Eu sou uma babá, e não existem muitos homens com essa profissão, pelo menos não que eu conheça. Eu estudo psicologia, mas no momento sou uma babá, porque tirei uma folga da faculdade e, enquanto isso, era a coisa mais fácil para eu, como mulher, conseguir. Provavelmente, se eu não fosse uma mulher, ser uma babá não seria a minha primeira opção.

Na maioria das vezes ser uma mulher é bom, e quase sempre eu me sinto livre para fazer o que quiser. Minha família não é machista, mas eu conheço algumas pessoas que ainda têm estereótipos em relação ao que homens e mulheres devem vestir, fazer e coisas assim."

corrine, 52
lille, frança

"Para mim uma das partes de ser mulher é poder ter filhos e ter uma família. Eu acredito na igualdade de homens e mulheres e acredito na família, mas não me considero uma feminista. De forma nenhuma. Eu amo homens e amo estar na companhia deles e não acho que seja bom ser uma feminista, acredito que mulheres e homens precisam estar unidos.

O feminismo para mim é um movimento para promover as mulheres e os seus direitos, mas na maioria das vezes é muito extremista. Por exemplo, o direito pelo aborto, eu consigo entender, mas muitas vezes considero extremo demais.

Eu trabalho há apenas quinze anos. Portanto, não tenho muita experiência nesse sentido, mas o meu diretor é um homem, e nunca me tratou diferente por ser mulher e nunca fez nada comigo que eu achasse errado.

Quando você é uma menina, os seus pais têm uma tendência de te manter sempre por perto. Por exemplo, se você tem dezesseis anos e quer sair, você não pode ir sozinha, mas o seu irmão pode porque ele é homem. Eu me lembro de uma vez em que estava indo para a minha primeira festa com alguns amigos da escola, e o meu irmão precisou ir comigo. Ele sempre foi sozinho às festas, mas eu, por ser uma garota, precisei que ele fosse comigo. Para mim isso é um estereótipo. Isso aconteceu há muitos anos, e hoje em dia eu não sei como é, mas a minha filha vai sozinha às festas, e eu não peço para que o seu irmão a acompanhe."

rafaela, 23
belo horizonte, brasil

"Eu acho que percebi mesmo que eu era mulher quando comecei a namorar. Foi um namoro muito abusivo. Eu percebi que estava em um relacionamento abusivo, mas não conseguia terminar. Só foi aumentando, até o momento em que eu estava totalmente dependente. Quando você está no meio de um relacionamento abusivo, é muito difícil. Eu estava consciente, mas não conseguia me mover, e isso é o que torna tudo mais doloroso. Foi só por causa de uma coisa muito gritante que eu terminei, porque, se não tivesse acontecido, eu teria continuado. Eu não me via como um indivíduo, eu não era eu. Eu era namorada de tal pessoa. Eu vivia em função dele.

E foi assim que entrei no mundo do feminismo. Eu era mais gorda, então tinha muito problema com isso e comecei a perceber que aquela 'carapuça' não era eu, que a sociedade e a cultura agregam valores que não são reais, que são pura ilusão. Eu comecei a pesquisar e a estudar sobre o feminismo, só que de uma maneira bem cética, bem racionalista, e há pouco tempo eu entrei no mundo espiritual e estou vendo o que é o feminino realmente. Eu estou me encontrando e estou percebendo a energia feminina.

É um pouco triste na verdade, porque vamos vendo o que nós somos e vamos vendo o tanto que somos reprimidas, vemos como a sociedade molda um modelo único de mulher e que na verdade existem várias facetas, e muitas vezes nós não as mostramos. Eu me descobri como mulher e também como indivíduo. Eu não conseguia enxergar que ser mulher, ter a identidade de uma mulher, é uma coisa muito relevante, principalmente no tipo de cultura que a gente vive, que nos diminui cada vez mais."

maria, 32
madrid, espanha

"Agora eu estou me dando conta de que sou uma mulher. Quero dizer que acho que estou tendo essa transformação de ser uma jovem adulta para uma mulher. Estou sentindo e percebendo que estou crescendo e ficando mais velha. Minha experiência como uma jovem mulher é complicada, pois sempre precisamos mostrar que temos valor. Se um homem diz que é capaz de fazer algo, ele não precisa provar, e nós precisamos provar o tempo todo.

Tive uma experiência desse tipo no meu trabalho. Eu não fui contratada para uma vaga por ser uma mulher. Era um trabalho para falar sobre futebol, e a resposta que recebi foi 'como uma mulher vai falar sobre futebol?'. Realmente gosto de futebol, então eu era perfeitamente capaz, tanto é que alguns anos depois fui contratada por uma outra empresa para isso. Então eu acho que para mulheres é complicado, e não podemos esquecer que, só porque podemos votar, trabalhar e sair sozinha na rua nós temos os mesmos direitos que os homens. Talvez na teoria, mas na prática não é assim. Nós não ganhamos o mesmo salário, nós temos que cuidar dos filhos e, não sei em outros países, mas na Espanha eu acho que nós entendemos igualdade de um jeito bem errado. Igualdade não é uma mulher poder fazer as mesmas coisas que um homem, mas também um homem fazer as mesmas coisas que uma mulher. Então, se eu tenho que ficar em casa cuidando do meu filho, porque ele está doente e não vai à escola, um homem pode também. Não acho que tenha um equilíbrio, é uma grande batalha para lutarmos. Não é só porque podemos sair sozinha que tudo está feito.

Precisamos lutar, precisamos dizer que estamos aqui e que merecemos as mesmas coisas. Na Espanha a cada oito horas uma mulher é estuprada. No último ano aproximadamente cinquenta mulheres foram mortas pelos seus parceiros. É um número enorme, principalmente por ser na Europa. Nós temos um problema muito grande com esse tipo de violência doméstica. Nós precisamos falar disso, precisamos lembrar disso. Precisamos falar para as garotas mais novas que, se o seu namorado pega o seu celular, não é normal, ter ciúmes não é normal, não é romântico. Isso é um problema, ele está te controlando. Então eu acho que algo importante para fazermos é sermos um exemplo. Muitas vezes nós brigamos entre nós, mulheres, e isso não é legal, nós precisamos nos ajudar. Nós temos poder, somos metade da população, então nós podemos fazer, nós precisamos. A educação é muito importante, é preciso conscientizar as crianças sobre a situação, meninos e meninas.

Eu me considero feminista. Seria incrível se um dia nós não precisássemos do feminismo mais. Teríamos os mesmos direitos, não seríamos mortas pelos nossos companheiros, nem nada disso, mas neste momento precisamos dizer que estamos aqui e que merecemos as mesmas coisas. Precisamos dizer o que pensamos, o que precisamos, o que merecemos. Para mim o feminismo é necessário porque nós não temos os mesmos direitos. Eu não quero ser mais que os homens, não preciso ser mais que os homens. Quando meus amigos estão rindo de alguma mulher, dizendo que elas são 'fáceis' por causa da roupa que vestem, eu digo que não, não é assim. Muitas mulheres lutaram para que hoje nós pudéssemos vestir o que quisermos. Quando dizemos esse tipo de coisa, eles nos chamam de 'feminazi', 'loucas' e que 'as mulheres não precisam disso'. Mas existem dados dizendo que, sim, nós precisamos. Mulheres estão sendo estupradas e mortas, então eu só quero estar no mesmo nível. Eu só quero ir para casa e não sentir medo."

makeda, 19
nova iorque, estados unidos

"O significado de feminismo para mim é unir as mulheres e finalmente lutarmos juntas, depois de tantas vezes termos sido negligenciadas por vários motivos. Claro que, física e biologicamente, nós não somos iguais aos homens, mas por causa disso eles nos olham com desprezo.

Óbvio que eu tive alguns momentos na vida em que fui ignorada como mulher e que passei por situações diversas por ser mulher. Mas acho que nós temos que passar por cima disso e trabalharmos juntas, porque muitas mulheres têm ódio e raiva uma das outras. Agora, mais do que nunca, nós temos que nos unirmos e sermos mais fortes do que sempre fomos."

camila, 23
buenos aires, argentina

"É bastante complicado ser uma mulher aqui. Buenos Aires é um pouco insegura, e nós temos que ser muito valentes, mesmo que não pareça, já que é uma cidade bonita, onde podemos fazer o que quiser e sermos livres. Tudo depende dos homens com quem você convive e se relaciona. Por sorte eu tenho muitos amigos feministas que acreditam na igualdade de direitos entre homens e mulheres, e em vários outros sentidos, como defender a liberdade de uma mulher poder estar vestida como quiser, o aborto legal...

Eu fui criada apenas pela minha mãe e tenho uma irmã. Então a minha casa sempre foi bastante feminista, mesmo que nós não falemos muito disso. Minha mãe é uma mulher muito forte e sempre me ensinou seus valores, como trabalhar para conseguir me bancar sozinha, nunca deixar que me tirem a liberdade, coisas assim.

Eu amo ser uma mulher. Eu gosto do meu corpo e o respeito.

Para mim, ser mulher é saber que posso fazer coisas por mim, me afirmar, que posso demonstrar muitas coisas que não tem a ver com ser mulher ou não, mas que posso me identificar como eu quiser. Acho que os exemplos que vi e as mulheres com quem convivi me fizeram me descobrir como mulher, como a minha mãe e as amigas dela. Sempre estive em um meio de mulheres muito fortes, que me ensinaram sobre o meu corpo e sobre respeitá-lo.

Não sou muito feminina, mas sou muito feminista. Não acho que esse lado da feminilidade me dificultou em me descobrir como mulher, muito pelo contrário. Eu sempre fui pequena, magra, e tenho um corpo muito voluptuoso. E por causa disso sempre nos veem como um objeto sexual. Com doze, treze anos, comecei a perceber isso ao andar pela rua e ver a forma que os homens me olhavam. Eu acho que este foi o maior problema de ser mulher: enfrentar essa situação quando eu estava crescendo e me descobrindo como adolescente. O mundo não me via como uma criança que estava crescendo, mas como uma mulher, apenas pela forma que eu me parecia fisicamente, e me expunha a situações pelas quais eu não estava preparada."

DIST

ksenia, 19
kiev, ucrânia

"Ser uma mulher é bom para mim, porque simplesmente me sinto eu mesma. Não acho que é bom ou ruim ser algo. Eu simplesmente nasci assim e acho isso muito bonito. Posso fazer o que quiser, me maquiar, me vestir como quiser. Eu tenho apenas dezenove anos, mas percebi que eu era mulher com mais ou menos dezesseis, quando o meu namorado me fez sentir como uma. Eu tinha muitas inseguranças, e ele me disse que eu era bonita, que eu era uma mulher incrível e inteligente, e aquilo me fez perceber que sou uma mulher.

Eu tenho um irmão. Então em alguns momentos eles me trataram de forma diferente. Às vezes me diziam, fisicamente falando, que eu era fraca, que eu não podia fazer nada muito pesado, por ser mulher. Diziam que eu não podia sair de noite, porque alguém poderia me ameaçar... Mas eu sei como me proteger. Não acho que eu tive algum problema por ser mulher. Eu apenas me sinto, e é isso. Não é bom ou ruim, é o que é.

Feminismo para mim é ser segura sobre você e ser capaz de se proteger de comentários negativos sobre mulheres no geral, como os que dizem que não podemos ir em certos lugares, apenas por causa do nosso gênero, ou não aceitar que não podemos ser como somos porque temos que parecer com determinada modelo. Tenho bastante certeza que sou feminista."

lisandra, 30
aibonito, porto rico

"Eu sinceramente amo ser uma mulher e não vejo nenhuma diferença na diversidade cultural entre um homem e uma mulher. Eu gosto de ser assim, gosto da minha feminilidade. Eu sinto que sou uma mulher forte e que o meu gênero não muda o que posso e consigo alcançar como um ser humano.

Sou a única filha do sexo feminino e a mais nova de quatro homens. Então o peso que tive que carregar por isso começou cedo, quando tive que cozinhar, limpar a casa e ter esse tipo de obrigação e responsabilidade. Acho que foi com mais ou menos dez anos que comecei a fazer essas 'coisas de mulheres'. Apesar disso, os meus pais sempre tentaram manter as coisas de forma igual entre nós todos. A minha mãe era uma mulher muito forte, a cabeça da casa, ao contrário do meu pai, que sempre foi um homem muito relaxado. Ela sempre nos ensinou muito sobre ser independente, mas sempre tive responsabilidades, como cozinhar, limpar, coisas assim.

Acho que muitas pessoas sentem que as mulheres possuem limitações em termos do que elas conseguem fazer ou não. Mas eu acho que nós, como mulheres, provamos que conseguimos alcançar tudo o que qualquer um consegue. Além disso, eu acho que nós temos que carregar um peso maior sendo mães e também tendo que cuidar da casa. Existe um estereótipo muito grande em torno disso, em ter que cuidar de casa, mas nós também conseguimos fazer coisas que são consideradas como 'de homens', atividades que homens normalmente fazem. Nós cozinhamos, limpamos e trabalhamos. Nós temos uma responsabilidade maior. Eu acho que nós alcançamos muito em termos disso. Sinto que ultrapassamos isso, e as mulheres provaram que conseguem fazer mais do que as pessoas acham que nós conseguimos."

laura, 30
são paulo, brasil

"Eu me descobri mulher desde sempre, mas você só começa a ter uma concepção social do que é ser mulher depois que cresce, e foi quando consegui perceber que desde sempre eu sou mulher. Quando você cresce, não tem uma noção do que é ser mulher e depois, com o tempo, você percebe que tudo que você sempre vivenciou na sua infância foi porque você sempre se considerou mulher, mas só não tinha consciência disso. Então desde sempre, desde criança, eu consigo enxergar que sempre me considerei mulher.

Para falar o que é ser mulher, eu sigo uma 'linha' de que a sociedade impõe coisas que são puxadas para o lado da mulher, desde roupas, gestos. Mas o que é ser mulher de fato depende da concepção de cada pessoa. Na minha concepção, é o seu sentimento, é algo interno. Tirando os padrões que a sociedade impõe hoje, acho que ser mulher está na alma, na forma de enxergar as coisas, na forma de lidar com as pessoas. O máximo que eu consigo ver, tirando os padrões da sociedade, é da forma de você se expressar, como você convive com os outros.

Até certo tempo atrás eu não sabia o que era o feminismo. Não sabia em que ponto eu estava introduzida no feminismo. Eu fui aprender depois, quando entrei na militância trans, e aí eu percebi uma ligação muito grande com o feminismo. Para mim o feminismo é a luta pelos direitos e pelo espaço das mulheres, a luta contra a sociedade que ainda insiste em colocar a mulher sempre abaixo do homem, desde o trabalho até as suas vivências historicamente.

Ser uma mulher trans hoje é um 'plus'. Você carrega o peso que a sociedade machista impõe, e o fato de eu ser uma mulher trans é um peso muito maior. Então para mim a grande dificuldade hoje é viver em uma sociedade que não me reconhece, não só como mulher, mas também como ser humano, e me priva de tudo que é possível hoje, desde trabalho até de ter uma vida normal."

anna, 22
nova iorque, estados unidos

"Eu acho que nós, mulheres juntas, temos muito poder e que continuamos a lutar por direitos iguais. É meio absurdo pensar nisso em 2017. Eu tenho duas irmãs. Então talvez, se eu tivesse um irmão, perceberia uma diferença na maneira que meus pais me tratam. Mas minhas irmãs e eu sempre fomos tratadas de forma igual. Quando estava crescendo eu não pensava muito sobre gênero, para mim sempre foi 'homem' e 'mulher' e quanto mais velha ficava mais eu percebia que, especialmente agora com os direitos LGBT e a crescente igualdade para todos, o próprio gênero não é tão bem definível assim.

Acho que ainda estou percebendo que sou uma mulher. Nunca realmente pensei tanto sobre essa mudança de ser uma menina para ser uma mulher. Talvez para algumas pessoas seja uma mudança mais drástica, ou algo muito importante acontece que te faz perceber, mas para mim foi bem sutil. Quanto mais pessoas conheço e quanto mais situações novas me deixam desconfortáveis, mais eu reconheço algumas coisas e, devagar, vou percebendo o que é ser uma mulher. Penso que recentemente me tornei uma. É um aprendizado constante.

Feminismo para mim é levantar, defender nossas companheiras, nossas irmãs e estar aberta para ouvir as pessoas, ajudá-las quando pudermos, darmos conselhos e simplesmente acreditar no que você acredita. Eu não acho que sou uma feminista. Eu sinto que feminismo significa diferentes coisas para diferentes pessoas, e para mim, além do que já falei, feministas são pessoas muito ativas que continuamente tentam lutar pelos direitos das mulheres e para fazer do mundo um lugar melhor. Eu as vejo como pessoas extremamente apaixonadas e não acho que estou nesse nível."

milagros, 20
buenos aires, argentina

"Aqui na Argentina existe um movimento de mulheres muito grande que se chama Ni Una Menos*. Por aqui existe muita violência, muito estupro e muitos crimes contra as mulheres. Essa é uma sociedade super machista, e creio que toda América Latina seja, mas aqui nos atacam apenas pelo fato de sermos mulheres. Saímos na rua e ouvimos coisas, nos agridem, e essa é uma forma de violência. Nos sentimos intimidadas porque ouvimos coisas sobre o nosso corpo que nos afetam. Nós poderíamos não aceitar o que ouvirmos, e discutir, mas correríamos o risco de sairmos para a rua e nunca mais voltarmos.

Ser mulher é empoderar-se e sair para defender nossos direitos, defender a igualdade. Não acho que a mulher é mais importante que o homem, mas deve existir uma igualdade e, sobretudo, devemos poder sair de noite sem que não nos façam nada, devemos poder vestir o que queremos e entender que não devemos ser um objeto sexual para os homens.

Precisamos nos ver do nosso lugar. Muitas vezes as mulheres são machistas. Creio que ser mulher é pensar, refletir sobre o lugar que ocupamos na sociedade e fazer coisas como protestar, usar as redes sociais para mostrar para o mundo a situação das mulheres aqui. O feminismo é um movimento que encoraja as mulheres e nos dá uma possibilidade de um futuro melhor. Eu acho que nós temos que nos unir e pensar sobre nós mesmas."

* O Ni Una Menos é um movimento criado a partir do protesto do dia 3 de junho de 2015 contra a violência machista. Ele surgiu da necessidade de denunciar o feminicídio. Na Argentina a cada 30 horas uma mulher é assassinada apenas por ser mulher.

ataya, 24
wellington, nova zelândia

"Eu acho que a Nova Zelândia é um país avançado, especialmente na forma em que nós tratamos as mulheres. Vejo, sim, algumas diferenças entre a forma em que eu era tratada lá e a forma em que eu era tratada quando morava nos Estados Unidos. Acho que nos Estados Unidos o machismo é mais presente, e isso meio que transita pela cultura, como nos filmes, nas propagandas e na TV.

Uma das coisas que mais me frustram na forma em que as pessoas enxergam as mulheres é que, especialmente se você está viajando sozinha ou andando sozinha de noite, a família tende a ficar muito preocupada, de uma forma que não ficariam com um homem, no meu caso, com o meu irmão. Recentemente eu estava na Califórnia e disse à minha mãe que iria para o deserto acampar, e ela começou a falar que não gostaria de ficar preocupada comigo, que iria se angustiar caso eu não respondesse. Não seria a mesma coisa com o meu irmão. Para mim é uma questão de gênero.

Eu amo ser uma mulher, mas acho meio difícil lidar com as nossas emoções. Se você fica muito emotiva em alguma situação, as pessoas se afastam e não reagem como deveriam. Eu acho que nós somos ensinadas a não mostrar muita emoção, principalmente em relacionamentos mais casuais. Apesar disso, eu acho que existem muitas coisas positivas em relação a ser mulher no geral, que se sobrepõem aos potenciais contras. Nós estamos mais conectadas a nós mesmas em vários sentidos, e mais conectadas com os outros, o que para mim é algo muito poderoso.

Quando estava na escola e tinha provavelmente dezesseis, dezessete anos, eu estava conversando com as minhas amigas, e duas delas estavam me perguntando por que eu me considerava feminista, já que as coisas na Nova Zelândia não eram tão ruins para mulheres. Acho que, para elas, o feminismo era algo radical, com todos aqueles estereótipos. Hoje tenho certeza que elas se consideram, sim, feministas, porque, na minha opinião, isso não é uma questão de escolha. Se você acredita em igualdade, ser feminista é algo que deveria ser natural para as pessoas. E eu acho que essa história e esse sentimento para mim ilustram o quão longe o movimento chegou e como o entendimento das pessoas acerca do feminismo cresceu."

shantal, 23
nova iorque, estados unidos

"Eu me considero, sim, uma feminista. Eu, sinceramente, acredito que as mulheres podem dominar o mundo e acho que isso foi testado quando uma mulher concorreu para ser presidente dos Estados Unidos. Essa é basicamente uma posição dominada por homens, e isso tem que servir para empoderar as mulheres e para assumirmos nossa condição e lutar mais.

No dia a dia ser uma mulher é difícil, especialmente tendo uma família, filhos e trabalhando. Agora eu estou na faculdade, que é predominantemente de mulheres, então o ambiente não é muito sexista. Eu estou estudando para ser uma esteticista e sinto que essa indústria é mais dominada por mulheres, apesar de existirem homens que também trabalham com isso. Eu acho que o que faço empodera mulheres a se sentirem bem sobre si mesmas, e isso pode empoderar outras mulheres também."

natalia, 24
buenos aires, argentina

"Ser mulher é ser uma pessoa com um gênero e uma identidade, mas não só a identidade sexual. É ter seus próprios pensamentos, é ver a vida com uma perspectiva diferente. Sempre me senti mulher, mas no final da adolescência comecei a ter minhas responsabilidades como uma, coisas que não tinha quando era criança.

O feminismo para mim é um movimento a favor das mulheres e da igualdade na sociedade. É um movimento que vai contra o estado patriarcal em que nos encontramos. Não me considero feminista no sentido de ativismo, mas acredito que todas as mulheres deveriam ser feministas, para nos respeitarem e para que exijamos os nossos direitos dentro da sociedade.

Na Argentina tudo depende do meio em que a mulher está inserida. Existem meios que são mais vulneráveis e lugares que são mais difíceis. Atualmente é difícil ser mulher aqui, porque existe muito feminicídio. No meu caso específico, só no último ano me assaltaram duas vezes. Dois homens foram violentos comigo, me jogaram no chão e me tiraram tudo. Eu não era uma pessoa que sentia medo, e hoje sinto muito medo. Vivemos com medo e não sabemos o que pode acontecer no caminho de volta para casa."

erica, 20
vigevano, itália

"Na Itália é bem igual para homens e mulheres, mas ainda existem algumas diferenças, e eu acho que alguns homens não entendem isso. Eu não posso reclamar pela minha experiência, pois eu sempre fui tratada bem, mas, por exemplo, eu me lembro que na minha sala da escola tinha mais meninos do que meninas, e em matérias como matemática, ciências e biologia sempre esperavam que os meninos fossem mais inteligentes que as meninas. Isso me deixava brava, porque eu era boa! Não me esqueço que quando eu tirava boas notas nas provas, o mesmo que os meninos, eram sempre eles que recebiam o aplauso. Agora na faculdade é melhor, eu recebo o reconhecimento pelo meu bom trabalho e pelo tempo que passo estudando.

Às vezes quando usamos o transporte público alguns homens, especialmente os mais velhos, que possuem essa mentalidade antiga e que ainda acham que a mulher tem que ficar em casa e cozinhar, quando veem alguma menina mais nova, mesmo que ela não seja bonita, eles tentam a assediar e passar a mão no seu corpo. Isso aconteceu comigo. É horrível. Aconteceu com uma amiga minha também. Eu não gosto disso, não é seguro sair sozinha de noite. Durante o dia é até bom, mas a minha mãe ainda se preocupa. Eu não quero ter uma filha e me preocupar porque ela está sozinha no parque. Eu falo para a minha mãe onde eu estou, quando ela quer saber e tudo mais, mas eu não gosto dessa sensação de que ela está preocupada porque eu estou sozinha, porque eu sou mulher.

Na minha experiência, quando falamos de feminismo os homens normalmente 'torcem o nariz' por não entenderem direito o significado. Feminismo significa igualdade entre homens e mulheres, mas eles acham que é um movimento em que mulheres querem ser melhores que homens. Não é isso. Tenho que dizer que também existem algumas mulheres que não entendem o feminismo e que acham que nós somos melhores que eles e que precisamos de mais. Mas eu só quero o mesmo salário no meu trabalho, quero os mesmos direitos. Mas só que existem, sim, alguns homens que entendem o feminismo e apoiam. Por exemplo, o meu pai. Eu tenho uma irmã mais nova, então na minha casa ele é o único homem, e ele entende. Eu tento fazer com que ele entenda."

lia, 80
rio de janeiro, brasil

"Eu não acho que a gente evoluiu muito, não, principalmente se você ver essa violência toda que está havendo contra a mulher aqui. Ontem já mataram outra... Naturalmente que está melhor do que na época da minha mãe. Eu trabalhei fora de casa, aquela coisa toda, mas eu acho que a gente ainda tem um caminho para percorrer. Para a geração de vocês eu não sei, mas eu acho que ainda está meio complicado. Ontem mesmo estava lendo no jornal uma matéria com o título 'Mulheres interrompidas' sobre moças com um saber maravilhoso que são sempre preteridas nessas grandes empresas. Eu achei que isso tinha acabado, mas não acabou.

Não posso me queixar mais, porque agora eu não tenho mais chefe, não tenho marido, não tem ninguém para me dizer 'faz isso, faz aquilo', mas eu acho que vocês ainda têm que lutar um pouquinho... Eu acho ótimo ser mulher e eu não queria ser homem de jeito nenhum, mesmo com toda dificuldade que a gente teve. Por exemplo, eu fui preterida em promoções, coisas assim. Mas eu queria ser mulher de novo e eu acho ótimo, ainda mais no estágio da vida em que estou. Eu faço o que eu quero na hora que eu quero. Eu digo que sou a mulher do 'depende'. 'Lia você vai viajar amanhã? Depende. Se eu tiver com vontade, eu vou'. Então eu estou vivendo minha vida assim.

Naturalmente que eu defendo as mulheres, mas não sei definir exatamente o que é o feminismo. Nós ganhamos menos que os homens e exercemos a mesma função, temos a mesma carga horária, sendo que nós, além de trabalharmos, ainda cuidamos de marido, de filho, de casa, depois vem os netos... E o homem, faz o quê? A mulher tem, muitas vezes, jornada tripla e ainda tem que se manter linda, bonita, cheirosa e magra. Eu acho que ainda existem muitas cobranças.

A minha mãe morreu com 98 anos, e se não fosse a minha irmã mais velha, que também não sabia muito das coisas, eu não entenderia sobre o 'me tornar mulher'. A gente sabia que um dia iria ficar menstruada, mas nem as mães e nem as professoras tinha um diálogo a respeito desse assunto. Era um tabu, não se tocava nisso.

Eu não sei se está maravilhoso agora, mas que está melhor do que no meu tempo, isso está. Ninguém falava de sexo. Eu me casei virgem. Eu me lembro quando eu e minha irmã chegávamos do trabalho, minha mãe sempre chamava nós duas para falar que alguém na rua tinha engravidado e que todo mundo estava comentando a respeito. Minha rua era sem saída, então todo mundo se conhecia. Um dia eu ousei dizer 'o que que tem que a fulana está grávida?', e ela começou a gritar 'o que? Vocês nem pensem!'. Ela só não me mandou fazer um exame ginecológico porque eu já era quase moça, e isso seria uma afronta, mas até isso hoje em dia é diferente. Eu acho que está certíssimo experimentar o sexo aos dezoito, dezessete, como as meninas de hoje. Eu acho muito bom. Nisso eu acho que vale a pena viver hoje.

Então eu acho que comecei a me sentir mulher quando comecei a trabalhar fora, quando ia sozinha para o trabalho. Eu casei com o meu primeiro namorado, não tive opção de escolha. Ele era um colega de trabalho, gente muito boa, mas a gente não tinha opção de escolha e não podia experimentar antes. Eu não tenho o que queixar, apenas vivi e fui uma mulher e uma menina naquela época."

julia, 23
konstanz, alemanha

"Na verdade, eu gosto de ser uma mulher, mas não acho que aqui na Europa você tenha problemas por ser mulher como em outros países em que se precisa lutar muito pelos seus direitos e coisas assim. Eu nunca tive problemas para conseguir o que queria, e meus pais sempre me disseram que eu poderia fazer o que quisesse e que isso não dependia se eu era mulher ou homem.

Me lembro que quando eu era mais nova minha mãe fazia um curso de navegação, porque minha cidade é perto de um lago, então nós tínhamos uma lancha, e eu sempre quis dirigir a lancha e ela me encorajou a dirigir. Há algum tempo um amigo meu me perguntou como eu conseguia dirigir, já que eu sou uma mulher e eu fiquei me questionando: 'Por que não?'. Eu acho que é por isso que os meninos sabiam dirigir, socialmente é algo que garotos sabem fazer. Eu acho que depende bastante da educação que seus pais te dão. Não só a mãe já que ela é, obviamente, um modelo, mas também o seu pai tem que mostrar que vocês são iguais.

Não sei dizer quando eu descobri que era mulher, mas quando criança eu sempre brincava fora com os meus amigos, e perto da minha casa tinha uma árvore que estava caindo, e nós fingíamos que éramos piratas, e eu sempre queria ser o capitão. Eu não sei se eu sabia que eu era uma menina, provavelmente sim. Me lembro também de um dia em que fui para a casa dos meus avós e me vesti como a minha avó, coloquei sua maquiagem e tudo. Eu não sei dizer quando foi, mas eu acho que sempre soube.

Aprendi na faculdade que quando temos quatro, cinco anos de idade nós começamos a perceber que existe uma diferença biológica entre meninos e meninas, mas fui crescendo e percebi que também tinha uma diferença na forma que a sociedade me tratava. Hoje em dia, também na Alemanha, mulheres que ocupam o mesmo cargo que homens recebem um salário menor. Eu acho que o papel da mulher mudou bastante nos últimos anos. Agora é possível que uma mulher trabalhe, tenha sua própria empresa e ainda tenha um filho, mas ainda é muito difícil combinar tudo isso.

Eu acho que ainda temos que lutar pelos nossos direitos e por igualdade. Para algumas pessoas, o estereótipo de que a mulher tem que fazer certas coisas e o homem outras ainda existe. Nós devemos seguir lutando pelos nossos direitos, porque ainda existem diferenças, e eu acho que a geração antes de nós fez muito por isso, e temos que continuar. Feminismo é uma palavra um pouco forte. Quando eu ouço 'feminismo' às vezes penso em uma mulher meio agressiva, mas acho importante lutar pelos nossos direitos. O feminismo é muito importante, mas temos que nos atentar para que o mundo perceba que o feminismo é igualdade, e não querer tirar o direito dos homens. Eu apoio o feminismo e tenho que ser uma feminista, porque eu sou uma mulher."

gabriella, 20
minnesota, estados unidos

"Eu acho que sempre tive orgulho de ser mulher e de me expressar de uma forma bem feminina. Eu sempre me mostrei como um indivíduo forte e sempre tive bastante confiança em mim mesma. Meus pais me ajudaram muito a formar uma opinião acerca de quem eu sou. Eu tenho um irmão mais velho, e eles sempre me trataram de forma igual a ele. Então isso me ajudou a perceber e a acreditar que as mulheres devem ser tratadas de forma igualitária, e que eu não sou menos do que um homem só pela forma como eu nasci.

Ser uma mulher hoje em dia pode ser aterrorizante, porque nós não vivemos em igualdade. Mas eu estou trabalhando em um estágio cujo tema principal é o feminismo, e nós fazemos projetos ao redor do mundo para promover mensagens positivas sobre mulheres, além de participar de protestos, coisas assim. Então eu acho que isso me ajudou a ter um entendimento maior da desigualdade que vivemos, já que fui criada de maneira muito igual ao meu irmão e a simplesmente me dar conta pelo o que nós estamos lutando.

Acredito que foi no ensino médio que eu comecei a ter uma ideia do que é o feminismo, porque a minha melhor amiga sempre foi envolvida em política e era a pessoa que conversava comigo sobre coisas do tipo. Não houve um exato momento em que eu me declarei feminista, mas eu diria que na escola comecei a entender mais sobre o mundo e, com certeza, na faculdade fui ter um entendimento maior do que significava, de fato, ser uma feminista."

evelyne, 54
châlon-sur-saône, frança

"Eu comecei a me sentir uma mulher de verdade depois de ter filhos, mas talvez pode ter sido ainda antes, quando comecei a trabalhar. Eu sou uma professora e dou aula para crianças e por isso acho que sou mais uma militante para as crianças do que para os adultos.

Existem muitos países onde meninas novas não podem ir à escola, e esse é um problema que me afeta mais diretamente, e eu entendo que a melhor maneira para lutar contra a desigualdade é por meio da educação e da instrução dos jovens. Algumas das minhas alunas que têm quatro, cinco anos são tão fortes como uma mulher madura.

Eu entendo a luta das feministas. Até na França a mulher não é tratada com igualdade em relação aos homens, principalmente em questão de salário. Na minha profissão não existe tanta diferença em relação aos homens, pois ganhamos o mesmo tanto, e por isso não me considero uma feminista. Eu entendo o problema, mas não existe nenhuma implicação na minha vida.

Até mesmo hoje eu acho que para a sociedade a mulher tem a função de cuidar de casa. Eu me lembro quando os meus filhos eram novos e depois do meu trabalho na escola eu tinha que chegar em casa e realizar o meu segundo trabalho: cuidar deles e da casa. Mesmo tendo um marido em casa era assim, e eu acho que essa é a situação de todas as mulheres no mundo – as mulheres trabalham mais do que os homens."

gaia, 17
bérgamo, itália

"Para mim, ser uma mulher é ser forte. Não quero dizer que nós somos mais fortes que os homens, mas nós temos experiências diferentes por sermos consideradas o 'sexo frágil', então ser uma mulher hoje em dia é bem difícil, mas no passado era ainda pior.

Eu acho que homens e mulheres são iguais. Nós só temos corpos e partes diferentes, mas não acho que deva existir diferença em nossos salários. Somos iguais em nossas particularidades.

Talvez em algumas culturas exista diferença na maneira em que tratam homens e mulheres, por exemplo, para os árabes ou em outros países, mas eu não acho que isso seja necessário. Nós temos o mesmo poder que os homens e precisamos mostrar nossa igualdade para eles.

Feminismo é ser uma mulher sem ter medo de mostrar nossos direitos, e talvez de uma maneira extrema, mas sem violência.

Eu acho que o feminismo é parte da mulher, mas o extremismo não é a solução. Você pode ser feminista em silêncio, e talvez silenciosamente seja a melhor arma. Eu acho que toda mulher é feminista à sua maneira."

eglè, 24
vilnius, lituânia

"Eu estou aqui para um evento sobre café e trabalho com isso, mas no meu país não existem muitos homens no ramo do café, e para mim isso é algo bem machista. Aqui nos países ocidentais existe um problema de machismo, mas é por não terem muitas mulheres trabalhando com café. Na Lituânia é o oposto, porque lá é função da mulher preparar café, mas para usar máquinas e tecnologias são os homens, pois é preciso ser 'inteligente e esperto' para fazer, então é bem frustrante.

Tenho um irmão e, quando eu era criança, ele podia fazer tudo, e eu sempre senti que as pessoas achavam que elas tinham que tomar conta de mim. Ele podia fazer tudo sozinho, mas eu não. Ser uma mulher é ser livre, fazer o que eu quiser, não precisar me explicar para ninguém.

Feminismo para mim é direitos iguais para todos. Não só salários iguais, mas não esperar certas ações de certas pessoas apenas por causa do seu gênero. Até falando de namoro, por exemplo, eu não espero que um homem me chame para sair apenas por que ele 'tem que fazer'."

imane, 19
belo horizonte, brasil

"Eu não sei definir exatamente o que é ser mulher, mas sei que algo que nós somos ensinados no Islã, e que as pessoas muitas vezes acham que é completamente o oposto, é que a mulher, sendo muçulmana ou não, abre portas do paraíso para o seu pai, para os seus filhos e para o seu esposo, isso se eles cuidarem de você da maneira correta. Então a mulher é colocada num pedestal, ela é como um diamante, e é por isso que a gente se cobre. É em relação à proteção. Você não deixa um diamante exposto assim na rua, você o protege.

Ser mulher para mim é ser a mais pura forma de mim mesma, e o fato de nós usarmos essa roupa força os homens, na hora de casar, por exemplo, a gostarem de nós pelo que nós somos e não pelo que eles estão vendo. Não é pela atração física que eles vão casar conosco, mas é pelo que nós realmente somos.

Respeito as pessoas que falam que elas têm o direito de se vestir ou despir do jeito que quiserem, mas eu também posso me vestir do jeito que eu quiser, e isso é uma escolha minha, não é imposto para nós nos vestirmos dessa forma. Eu acho que todas as mulheres que usam a vestimenta com esse propósito têm esse entendimento: de que não tem nada que vai nos libertar quanto a isso. A gente não precisa seguir moda, a gente não precisa ir com a maré, nós traçamos nossos próprios caminhos. O Islã nos encoraja a sermos independentes e ele nos libertou em uma época que o mundo inteiro tratava a mulher como algo insignificante. Ela tinha validação pelo Islã, além de que vários direitos, que a mulher no Ocidente só foi ter há pouco tempo, o Islã já havia concedido a ela.

Eu concordo com muitas ideias do feminismo, mas não me considero uma feminista porque, se eu fosse uma, eu teria que concordar com tudo o que o movimento propõe. Eu não concordo, porque acho que em certos pontos homens e mulheres são diferentes, não tem como negar. Nós somos de naturezas diferentes, fisicamente, psicologicamente, nós funcionamos de formas diferentes. Então não tem como querer igualar tudo. Em certos aspectos realmente cabe tentar colocar os dois no mesmo patamar, porque, afinal, somos todos humanos, não tem como falarmos que um é mais importante que o outro. Mas tem forças que os homens têm que as mulheres não têm, e não dá para tentarmos igualar os dois.

O Islã liberta a mulher de uma forma que feminismo nenhum já conseguiu fazer, e as pessoas não veem isso. Elas acham que é o contrário, porque elas estão presas a uma ideia de liberdade que na verdade elas estão se escravizando. A moda te escraviza, as redes sociais, essa necessidade de se mostrar para o mundo. Tem muita gente que procura validação nisso, e o Islã fala que você decide aonde você vai buscar a validação, e a única validação que você precisa é a de Deus. E como você consegue essa validação? Sendo exatamente como você é, fazendo o melhor para as pessoas.

Eu concordo com ideias feministas, mas isso já está no Islã, então não preciso de nenhum movimento que acrescente coisas.

Tirando a parte extremista do feminismo que quer ser mais do que o homem, eu vejo o feminismo como um movimento que quer apoiar as mulheres e quer mostrar que elas têm um papel na sociedade, sim, e que elas merecem ser valorizadas por isso, que é basicamente a mesma coisa do Islã. Eu vejo o feminismo como um movimento válido e acredito que, se ele não existisse, seria mais difícil das pessoas abrirem suas cabeças e saírem desse ambiente machista. O machismo existe, e ele não é bom.

Até os treze anos de idade eu sentia um peso grande por ser mulher, porque é quando a gente começa a ser cobrada de verdade, é quando começamos a perceber que dali pra frente vamos ser cobradas cada vez mais, e eu sempre via os homens como favorecidos. Eu sempre pensava que queria ser um homem por isso. E então eu comecei a estudar o Islã. Eu não tinha muito conhecimento, apesar da minha família ser muçulmana e eu sempre ter sido muçulmana por tradição. Eu acreditava, mas não tinha conhecimento suficiente. E comecei a procurar e a entender. Tinha várias questões que eu ouvia falar na mídia e que eu achava que eram verdades absolutas, como 'a mulher muçulmana é oprimida'. Eu fui estudando e me aprofundando, e aquilo me encantou. A partir daí eu parei de 'querer' ser homem. Eu obviamente continuo tendo problemas, cobranças e dificuldades por ser mulher, mas não deixo que isso seja uma limitação para que eu seja a mulher que quero ser.

Eu acho que foi com uns quatorze anos que me descobri e me aceitei como mulher. Foi exatamente por eu ter encontrado o significado da mulher no Islã, porque ele nos valida, ele nos valoriza, ele nos mostra que não, não é assim. Não é simplesmente você deixar os homens ditarem o que você vai fazer, o que você quer, o que você não quer. Você faz suas próprias escolhas.

Eu acho que, por ser uma mulher muçulmana, o peso pela sociedade de fora é maior. Obviamente de dentro também, em certos países que têm a mente mais fechada, mas isso é cultural e não é pela religião. Eu acho que o problema maior é ser uma mulher muçulmana no Ocidente. Ela encontra dificuldades no trabalho, se ela não for muito boa e muito sortuda. Por preconceito as pessoas não querem uma mulher usando véu, não importa o quão qualificada ela seja, eles simplesmente a dispensam, sem sequer ter o trabalho de dizer não. Então muitas mulheres passam por esse tipo de dificuldades, e eu acho que o outro problema é você ter que explicar, por exemplo, para as feministas que querem nos libertar, que a gente não precisa, que nós estamos completamente salvas e bem."

michelle, 34
nova iorque, estados unidos

"Eu não me consideraria feminista em termos de ativismo, mas acredito, sim, em oportunidades iguais para mulheres e homens. Sendo uma mulher e uma minoria nos Estados Unidos, com certeza existiram dificuldades que tive que superar. Agora eu tenho minha própria empresa, mas trabalhei com moda no mundo corporativo por mais de cinco anos e descobri que, pelo menos no mundo corporativo, sua identidade é definida por vários tipos de rótulos.

Sendo uma mulher e uma asiático-americana existem muitas coisas misturadas e atreladas a isso. Talvez pensassem que, por ser uma mulher asiático-americana eu não falaria tanto no meu local de trabalho. Eu diria que, em termos de trabalho, normalmente o preconceito vem de formas sutis, e você também tem que lutar de forma sutil. A minha maneira foi realmente trabalhar por contra própria e criar as oportunidades para mim mesma."

katy, 42
isla margarita, venezuela

"Quando eu era nova, meus pais não me davam liberdade para nada. Eu tenho um conceito do que é ser mulher: não é nada mais do que vir a este mundo, nascer, casar-se, reproduzir-se. Tenho a ideia de que a mulher tem que ser livre e, profissionalmente, pode ser muito independente e ativa. Eu acredito na igualdade de homens e mulheres, tanto no trabalho como em todo o resto.

Eu não conheço o feminismo, mas acho que as mulheres podem fazer qualquer coisa. Nunca tive um problema na minha vida por ser mulher, mas teve um momento em que eu desejava ter nascido homem. Eu preferia ser homem, para ter mais força física, ter mais respeito dos outros. Eu sempre me perguntava: 'por que não nasci homem?'.

Na Venezuela não existe muita violência contra a mulher, existe, sim, outros tipos de violência. É normal um homem ter três, quatro mulheres, ter filho com todas e não os reconhecer. Esse tipo de violência existe. Ser mulher é ser feminina. Eu penso que a mulher é feminina. Me descobri mulher desde criança, sempre fui muito feminina, gostava de me arrumar."

nina, 34
freiburg, alemanha

"Eu estou trabalhando com alguns produtos bem técnicos e tenho experiência, claro, mas as pessoas sempre esperam que os homens saibam mais, mesmo que nós saibamos o mesmo tanto. Elas simplesmente esperam que eu não tenha muito conhecimento então eu sempre tenho que provar que eu sei. Eu acho que os homens, em seus trabalhos, são mais convencidos de que o que eles têm a dizer é muito importante, e eu já ouvi a mesma coisa de mulheres diferentes.

Eu não preferiria ser um homem. Claro que existem algumas dificuldades, mas talvez elas existam para homens também... Feminismo para mim é tratar homens e mulheres da mesma maneira, não querer explicar tudo para as mulheres, se você é um homem, respeitar suas opiniões e seu conhecimento também, ser interessado nisso. Acho que não consigo definir bem, mas seria estupidez ser uma mulher e não me considerar feminista.

Não tenho irmãos, só uma irmã. Então não consigo dizer se eu seria tratada diferente por ser mulher, mas acho que meus pais me trataram do jeito que tratariam um garoto. Às vezes eu podia sentir essa diferença com meus avós, por exemplo, quando minha avó pedia para que eu e minha irmã lavássemos a louça, ao invés de pedir também aos meus primos."

selmita, 57
juiz de fora, brasil

"Eu acho que todos nós somos iguais. As mulheres, os homens, as pessoas têm que viver bem, independente de quem elas escolhem para viver. Eu sou médica e lido muito com homossexuais, e esse preconceito não existe para mim. Se tiver que viver com um homem ou com uma mulher, eu tenho que viver e ser feliz.

Eu não sei o conceito de feminismo, mas não sei se eu me considero feminista. Eu acredito em Deus e, se eu não acreditasse, eu nem sei o que faria, ou se eu estaria aqui. Eu perdi todo mundo da minha família em um período pequeno. Em cinco meses perdi pai e mãe, e meus irmãos e sobrinhos morreram em um acidente de carro. Eu acho que tive forças para seguir devido à criação que eu tive dos meus próprios pais. E hoje eu tento fazer o bem para os outros.

Hoje tenho na minha família minha avó, de cento e quatro anos, e eu, que sou a mais velha, já que todos meus tios já faleceram. A minha mãe foi uma figura feminina importante na minha vida em termos de carinho, de amor. Eu cresci em um ambiente de conversa, de diálogo, e não me faltou nada, não me foi imposto nada.

Eu não tenho filhos, e nós aqui no Brasil não temos essa cultura de aprender sobre relacionamento sexual e tudo mais. Eu aprendi tudo sozinha e hoje me sinto no dever de conversar sobre isso com os meus sobrinhos. Eu não tinha instinto materno e por isso escolhi não ter filho. Quando me formei eu fiz uma opção de ter uma vida minha. Eu queria estudar e era um momento em que ou eu deveria estudar ou deveria ser mãe. E naquele momento o filho iria me atrapalhar na minha vida profissional. Eu não me arrependo de não ter tido filho, e isso não me fez menos mulher. Eu queria ter um conhecimento para me estabilizar profissionalmente. Antes eu tinha vergonha de falar que não tive filho porque eu não quis. Mas eu fui realizada na minha vida e isso não me abalou."

ruth, 74
tuskegee, estados unidos

"Eu já tive experiências ruins porque sou negra. Eu nasci no Sul segregado dos Estados Unidos. Então meu problema sempre foi ser uma mulher negra. Nós fomos criadas para sermos fortes, para nos manifestarmos. Nós não fomos criadas, pelo menos a minha geração, para ficarmos caladas. Então o feminismo meio que se relaciona com isso. Mas existem assuntos do feminismo, como ter controle sobre o nosso corpo, que servem para todos, além de suposições do que é certo e errado.

Quando eu era jovem, conheci mulheres da minha geração que, antes do aborto ser legalizado, para que conseguissem um, precisavam viajar para outra cidade, conseguir o nome de alguém que realizaria o procedimento, deveriam tocar uma campainha e usar um código, algo assim, apenas para que conseguissem abortar, o que, na minha opinião, era ridículo. Então nesse sentido houve mudanças positivas para todos.

Com a minha experiência, sendo uma mulher negra, da forma em que fui criada, tendo sido educada para me manifestar e não para aceitar absurdos, isso não foi um problema, mas eu sempre tive uma vantagem por ter crescido em uma família de classe média. Minha mãe era a pessoa mais franca da minha família. Ela não aceitava qualquer coisa, e ela nos criou assim. Várias vezes, quando ela estava nos contando algo, se manifestando era sobre algo relacionado ao racismo ou sobre confrontos de ser uma mulher.

Quando eu fui para a faculdade, fui para uma instituição que era basicamente para brancos e aprendi sobre a maneira como algumas colegas mulheres haviam sido criadas, e certas diferenças foram bastante interessantes em termos de expectativas. A minha primeira impressão disso foi quando eu saí do Sul e estava no ensino médio falando com uma das minhas amigas brancas da escola, e ela me falou que seus pais disseram que ela não poderia ir para a faculdade, porque eram seus irmãos homens que precisavam ir. Eu nunca tinha ouvido isso antes. Toda essa ideia de 'você vai casar de qualquer forma' eu nunca tinha ouvido antes. Então essa experiência foi diferente. A forma com a qual eu fui criada e educada foi uma, e a forma que essa garota foi criada e educada foi outra.

Eu particularmente nunca uso o termo 'feminista' para falar de mim, mas consigo identificar atitudes que me fariam uma feminista. Eu com certeza iria me pronunciar se visse alguém agindo de maneira antifeminista em relação a mim, ou se estivesse em um grupo de mulheres e as visse comentando ou fazendo uma observação de algo que vivenciaram, de algum abuso, eu com certeza falaria disso."

vitoriana, 55
pedro juan, paraguai

"Eu descobri que sou mulher depois que fui mãe dos meus filhos. Eu tenho cinco filhos e me despertei quando fiquei viúva e tive que criar todos os meus cinco filhos sozinha. Foi quando me valorizei muito por ser mulher, por ser mãe.

Sempre pensei o que eu poderia fazer para trazer os meus cinco filhos para cá. Conheci o meu marido no Brasil e sempre pensei o que faria para criar os meus filhos, que eram pequenos. Vim para a Espanha e em nove meses trouxe dois filhos sozinha. Depois de dois anos consegui trazer os outros três. Consegui superar e criar meus cinco filhos aqui sozinha.

Não sei o que é o feminismo, mas creio que homens e mulheres são iguais. Eu sempre me desempenhei da mesma forma que um homem e nunca tive problema por ser mulher, sempre fui tratada como deveria.

Na minha família somos oito irmãs e um irmão. Meu irmão queria fazer o que a gente fazia, mas meu pai não aceitava, porque achava que ele seria gay se só andasse com as meninas. Ele cresceu, se casou e hoje tem uma família. Nós tínhamos que lavar, passar e fazer coisas de casa, e ele também. Não é só porque ele é homem que ele não deveria fazer. Tinha que fazer."

maria jose, 51
malpica, la coruña, espanha

"Me descobri mulher quando eu nasci. Eu era pequena e não sabia o que queria fazer e, quando fui crescendo, continuei sem saber o que queria fazer, mas sabia o que não queria. Minha família tinha pouco dinheiro, e eu não podia estudar, além disso a universidade era muito longe, então comecei a trabalhar. O dinheiro eu juntava para que pudesse fazer uma faculdade. Fui para uma escola de idiomas, comecei um curso de Direito, porém não terminei. Me mudei de cidade algumas vezes e hoje estudo Padronagem e Moda. No meu tempo livre jogo tênis e corro. Já no inverno eu esquio, além disso amo viajar.

Existem mulheres diferentes, e cada uma tem a sua forma de ser. Cada uma tem a sua liberdade. Tem mulheres que gostam de estar bonitas. Eu, por exemplo, quando estou em casa, gosto de me maquiar, me vestir bem, usar salto. Eu não sou feminista. Eu acho que as feministas não querem a igualdade, querem um pouco de superioridade. Elas precisam estar presentes em países onde as mulheres não têm igualdade, mas eu creio que no meu país as mulheres que não têm igualdade são assim por que se deixam dominar. Porque, sim, temos igualdade. Existe um grupo de mulheres muito pequeno que é maltratado e que economicamente não pode ser independente e tem filhos, então elas não podem deixar seus maridos. É muito fácil dizer 'saia dessa, seja independente, vá viver sua vida', mas elas precisam de dinheiro. Então eu entendo que existem mulheres que sempre viveram com esses homens e não têm facilidade para achar um trabalho. Quando conseguem é para limpar a casa. O custo de vida está muito caro, e elas recebem muito pouco. Então o que corta a liberdade de ser mulher é o salário.

Minha avó dizia, quando eu era pequena, que a liberdade de uma mulher está com ela mesma. Depende um pouco dos seus esforços, dos seus ideais, da sua posição econômica, que é muito importante, apesar das pessoas acharem que é muito superficial e efêmero. É mais provável uma mulher ser independente com dinheiro do que sem dinheiro.

Acho que a luta das feministas entra em campos que não deveria, como no caso das mulheres muçulmanas. Para mim elas são submissas, mas a pergunta é: são por que querem ou por que não têm outra saída?

Muitas vêm à Europa estudar, e é a oportunidade de serem livres, e não aceitam, seguem com os seus costumes que são muito respeitáveis. Então eu acho que as feministas tomam partidos que não deveriam. Eu não quero que as mulheres muçulmanas sejam obrigadas a usarem determinadas roupas, mas, se elas querem, então deixem elas usar.

Somos três irmãs. Portanto, meus pais nunca nos trataram de forma diferente por sermos mulheres. Mas eles sempre quiseram um filho, então meu pai sempre me levava para pescar com ele. Eu era sua filha preferida. Isso foi há quarenta anos. Mas sempre o insultavam por levar uma filha menina para pescar. Não era bem-visto que um homem saísse para fazer compras e nem que uma menina fosse pescar. Era uma 'atividade de meninos'. Para o meu pai nada disso importava, ele me levava mesmo assim, e isso é muito importante, pois o que eu mais lembro do meu pai é isso, não importava se o insultassem, ele me levava para que aproveitássemos juntos. Era outra época, mas acho que era quando as feministas tinham que atuar. Hoje elas têm que estar presentes em outros países. Eu só quero ser igual aos homens, não quero ser superior, só quero a igualdade."

nina, 23

nashville, estados unidos

"Eu sinto que toda mulher já teve uma experiência ruim em sua vida simplesmente por ser uma mulher. Eu me lembro quando estava na escola, chorando na sala do meu diretor, e ele meio que abusou de mim. Foi uma experiência muito perturbadora, porque eu já estava chateada e não sabia o que fazer, então eu apenas saí. Eu não falei para ninguém por muito tempo, porque me sentia vergonhada.

Muitas das minhas amigas foram abusadas ou estupradas quando estavam na faculdade e nunca contaram para ninguém. Sei de muitas pessoas para quem, enquanto escutava suas histórias, eu dizia 'acho que você foi estuprada', e elas diziam 'não, essa foi só uma experiência ruim' e não queriam mais falar sobre isso. Então eu penso nas, não só coisas grandes, mas nas coisas pequenas, como quando um cara decide ocupar todo o espaço em um avião ou em um metrô, e você fica pensando 'claro que, por ser uma garota, eu tenho que sentar e ter uma postura de garota'. Tem coisas grandes e coisas pequenas que eu acho que toda mulher já vivenciou.

Eu fui para uma escola católica só de meninas, e por isso eles ensinavam ideias extremamente equivocadas sobre o feminismo. Mas, desde que eu entrei no ensino médio, eu me considero uma feminista. Eu acho que o assunto está em alta agora, mas ainda fico intrigada com as pessoas que ainda não o veem como sendo uma questão de igualdade. Muitos ainda veem o feminismo como uma questão de uma mulher querer ser mais que um homem, o que é bem confuso. Queremos apenas ser socialmente, economicamente e politicamente iguais aos homens."

mariel, 25
santo domingo, república dominicana

"Quando penso que sou mulher, penso que sou feminina. Nunca fui tratada de forma diferente por ser uma mulher. Eu, por exemplo, estou fazendo um curso de práticas de licenciamento e no meu trabalho nunca fui tratada com diferenças, sempre de forma igual. Acredito na igualdade de homens e mulheres e penso que o feminismo é quando a mulher está acima do homem, algo assim. Não me considero uma feminista, acredito apenas na igualdade. Fui me considerando mulher quando fui crescendo. Sou mulher por causa do meu corpo, da minha mentalidade, por tudo."

marcela, 49
salta, argentina

"Estou aprendendo agora o que é ser mulher. Vou fazer cinquenta anos este ano e praticamente passei de ser uma criança direto para ser uma mãe. Eu me casei muito jovem com uma pessoa muito violenta e fiquei vinte anos da minha vida sem poder sair dessa situação. Agora estou retomando a minha vida, voltando a ser o que sou, inclusive me descobrindo como mulher de uma forma sexual.

Tenho quatro filhos, mas me descobri como mulher agora, com quarenta e nove anos, quando me separei do meu ex-marido e tive uma relação não afetiva, mas sexual. Descobri essa parte minha como mulher, e sigo descobrindo. Até esse momento eu só era mãe, não era mulher.

Eu sou fascinada pela arte e há muito tempo que sonho em conhecer obras de grandes artistas pelo mundo e ir em museus e me reencontrar com a arte. Nesses vinte anos que convivi com coisas muito terríveis, me distanciei da arte, não tinha espaço para mim. Eu só vivia para os meus filhos e para o meu ex-marido. Também não existiam amigas e nem espaço para ir a exposições, coisas assim. Eu gostaria de ter sido escultora e agora voltei a fazer cerâmica e coisas que gosto. Meus filhos já estão maiores, então esse é o meu momento. Agora posso fazer o que eu gosto e sigo buscando o que é ser mulher. É um descobrimento. Eu tenho que voltar a me amar, pedacinho por pedacinho.

Eu estou indagando e procurando saber o que é o movimento feminista, não tenho isso muito claro. Acredito na igualdade de homens e mulheres. Agora tenho um companheiro, esse, sim, de maneira afetiva, e a relação que vamos formando é assim, de igual a igual. Quando vivemos situações limites como as que eu vivi, nós sabemos exatamente o que não queremos viver de novo. Estou encarando uma relação totalmente diferente. Agora tenho meu espaço e meu tempo, e é a coisa mais preciosa."

sofia, 21
belo horizonte, brasil

Para mim, a gente se torna mulher. Eu pelo menos me tornei. Não quando eu deixei de ser uma criança e passei a menstruar todo mês. Ser mulher para mim tem um peso, é um fardo, muitas vezes pesado, mas que fui descobrindo o quão bonito pode ser. Eu nasci mulher e me descobri assim. Ser mulher vai muito além do meu corpo, do que eu visto e da minha forma de agir. Descobri que, sendo mulher, eu tenho um compromisso com as outras, porque estamos juntas nessa jornada, carregamos juntas esse fardo, sentimos, muitas vezes, as mesmas dores. Ser mulher não é só sobre sentir dor e nem sobre romantizá-la, mas sobre sentir.

O feminismo para mim é simples de entender, por mais que seja tão difícil para muitos e muitas: igualdade. É um movimento que luta pela igualdade de mulheres e de homens, para que ganhemos o mesmo salário, para que tenhamos os mesmos direitos e para que sejamos tratadas de forma igual na sociedade.

Sofia nasceu em Belo Horizonte e se formou em Jornalismo pela UFMG, mas, apesar das raízes mineiras que tanto se orgulha, desde que se entende por gente é uma pessoa do mundo. É feminista, pisciana e gosta de ouvir histórias. De uma grande família italiana com veias artísticas, sempre soube que precisava se expressar e fazer-se entender por meio da arte. Descobriu no jornalismo uma forma diferente de ver o mundo e de dar voz para quem precisa ser ouvido. Defende os direitos das mulheres e sonha em conhecer todos os países do globo – e mostrar a realidade de quem os habita. É inquieta, gosta de viajar sozinha e sempre ouviu que "sonhava demais", mas está lançando seu primeiro livro.

Fotografias
Sofia Andrade Antoniazzi Cirino

Revisão
Valter Braga

Projeto gráfico e diagramação
Caroline Gischewski

Editores
Alencar Perdigão, Cláudia Masini, Luciana Tanure

PRINTED WITH SOY INK®

MISTO
Papel proveniente de fontes responsáveis
FSC® C092828
FSC www.fsc.org

As entrevistas com as mulheres brasileiras foram realizadas em Língua Portuguesa, enquanto que com as mulheres de outras nacionalidades, foram utilizadas as línguas inglesa, francesa e espanhola. Todas as entrevistas foram digitadas e traduzidas para a Língua Portuguesa pela autora.
Todas as imagens e todos os testemunhos aqui presentes foram obtidos com total consentimento das mulheres entrevistadas.
O projeto e a sua finalidade jornalística foram previamente esclarecidos.

Catalogação na Publicação (CIP)

C578

Cirino, Sofia Andrade Antoniazzi

Ser mulher : a mulher e o feminismo em diferentes culturas / Sofia Andrade Antoniazzi Cirino ; [fotos da autora]. 1.ed. - Belo Horizonte : Quixote+Do, 2019.

163 p. : il. fot. p&b

ISBN 978-85-66256-63-5

1. Feminismo 2. Mulheres - Condições sociais 3. Identidade de gênero
I. Título.

CDD: 305.42

Bibliotecária responsável: Fernanda Gomes de Souza CRB-6/2472